UKRAINIAN LANGUAG

reader with vocabulary & audio

pre-intermediate level

YULIIA POZNIAK

ABOUT THIS BOOK

Learning the Ukrainian language? In this book, you will find texts and dialogues with exercises, vocabulary and over 60 minutes of audio. This reader is created for pre-intermediate Ukrainian language learners (A2-B1 levels). It will be suitable for you if you already have a basic knowledge of Ukrainian language (for beginner's level check the book "100 Easy Ukrainian Texts for Beginners").

- The excellent quality online audio for all the texts are read by a native speaker. You can find them here: https://ukrainianpro.com/audio/ To access the audio, use your password – it is on the last page of this book.

- In this book you can find the most useful words in different contexts.
- For better results listen and read the texts simultaneously.
- All the words in the texts have stress marks. (For example: Погода)
- In part 8 there is the list of the most useful verbs in 2 forms: imperfective and perfective, and exercises to practice them.

РОЗДІЛИ
CHAPTERS

Розділ 1: Зустрічаючись з людьми. Meeting people.

1.1 Привіт! Як справи? Прості діалоги.

– Привіт! Як справи?

– Добре, дякую! А у Вас?

– Теж добре.

– Як Ваше здоров'я?

– Вже значно краще, дякую!

– Добрий день! Як ваші справи?

– Добре, дякую! А ваші?

– Також* добре. Передавайте привіт мамі!

– Дякую, обов'язково передам.

– Привіт! Як ся маєш?

– Просто чудово! А ти?

– Також! Як відсвяткував Новий рік?

– Весело! Ми їздили в гори.

– Супер! Передавай всім привіт.

– Привіт! Як ти?

– Непогано, а ти?

– Все добре, дякую!

– Чув новину?

– Яку?

– Наталя одружилася!

– Привіт! Як твої справи?

– Не питай...

– Що трапилося?

– Я загубив свій паспорт.

– Кепсько!

– Добрий вечір! Як справи?
– Погано. Просто жахливо!
– Чому?
– Я погано здав екзамен.
– Не хвилюйся! Наступного разу підготуєшся краще.
– Авжеж...

– Привіт! Як життя?
– Добре! А ти як?
– Я теж добре. Давай сходимо разом на каву?
– Залюбки! У тебе є час на наступному тижні?
– Так. Як щодо вечора п'ятниці?
– Ой, у п'ятницю я працюю допізна. У тебе є час в середу?
– Так, в середу я вільний після шостої.
– О! Тоді о шостій тридцять в кафе "Львівська кава"?
– Домовилися!

– Доброго ранку! Як справи?
– Чудово! А у тебе?
– У мене – так собі.
– Що трапилося?
– Нічого. Просто поганий день.
– Прикро! Ти хочеш про це поговорити?
– Дякую, але краще не треба.

* In the word "також" both syllables can be stressed: "також" or "також"
    are both correct.

значно краще	much better
передавати/ передати привіт	convey greetings
обов'язково	necessarily
новина	news
чути/ почути	to hear
Як ся маєш?	How are you?
святкувати/ відсвяткувати	to celebrate
весело	fun
Супер!	Super!
одружитися/ одружуватися	to marry
питати/ запитати	to ask
Що трапилося?	What happened?
траплятися/ трапитися	to happen
губити/ загубити	to lose
Кепсько!	bad, terribly (adverb)
кепський	bad (adjective)
жахливо	terribly
жахливий	horrible, terrible
здавати/ здати екзамен	take / take the exam
Не хвилюйся!	Don't worry!
готуватися/ підготуватися	to prepare / prepare
авжеж	of course
ходити/ сходити на каву	to go to drink coffee
разом	together
на наступному тижні	next week
Як щодо… ?	What about… ?
допізна	till late
вільний	free
після шостої	after the sixth
Домовилися!	Agreed!
Прикро!	It's a shame!

1.2 Наталя їде додому.

Наталя народилася п'ятого липня 1987 року у Херсоні. Її мати працює в школі, а батько ремонтує машини. У Наталі є двоє молодших братів та сестра. Старшого з братів звати Юрій, зараз він навчається в університеті в Києві. Молодшого звати Славко, він ще школяр. А сестричка Тетяна ще зовсім маленька – їй чотири роки, вона ходить до дитячого садочка.

Наталя кілька років тому закінчила університет. Зараз вона працює юристом в Києві і буває в рідному Херсоні не часто. Вона сумує за своєю родиною, тому намагається приїжджати на свята. Сьогодні в неї саме почалася відпустка і зовсім скоро вона зустрінеться зі своїми рідними. Вона їде до них потягом Київ - Херсон. На вокзалі її зустрічає батько та брат Юрій:

– Привіт, доню! Як доїхала? Не змерзла в потязі?
– Привіт, тату! Привіт, Юрко! Та ні, зовсім не змерзла, навпаки, було спекотно! А де мама? Вдома?
– Так! Чекає вже на тебе, готує борщ, вареники, пиріг пече!
– О, смакота! Я так скучила за маминою їжею!
– Ну, ходімо тоді швидше до машини.

Батько бере Наталіну валізу і всі троє йдуть до парковки біля вокзалу. Наталя щаслива. Вона так рада зустрічі!

народитися	to be born
ремонтувати	repair
старший з братів	the older of the brothers
старший брат	older brother
молодший брат	younger brother
сестричка	sissy
дитячий садочок	kindergarten
рік тому	a year ago
кілька років тому	a few years ago
закінчити університет	to graduate from university
працювати юристом	work as a lawyer
рідний	native
свято - свята	holiday - holidays
відпустка	vacation
почалася відпустка	vacation began
починатися/ початися	to begin
зовсім скоро	very soon
зустрічатися/ зустрітися	to meet
доня = дочка	daughter
Як доїхала?	How was your trip?
потяг	the train
мерзнути/ з(а)мерзнути	to freeze
навпаки	vice versa
спекотно	hot
чекати на когось	wait for someone
готувати/ приготувати	to cook
пекти пиріг	bake a pie
скучати/ скучити	to miss
ходімо	let's go
швидше	faster
зустріч	meeting

Вправа 1.1 Read and translate these short dialogues with the word "навпаки".

1) – Ти голодний?

 – Ні, навпаки, я зовсім не хочу їсти. Я щойно з'їв дві тарілки борщу.

2) – Ти добре розумієш цей текст?

 – Ні, навпаки, я зовсім нічого не розумію. Мені потрібно прочитати його ще раз.

3) – Ти втомилася сьогодні на роботі?

 – Ні, навпаки, я навіть відпочила. Сьогодні був дуже цікавий день!

4) – Вона часто буває в Херсоні?

 – Ні, навпаки, дуже рідко. Тільки на свята.

5) – Тобі подобається їздити потягом?

 – Ні, навпаки, зовсім не подобається. Я більше люблю подорожувати літаком.

Вправа 1.2 Запитання:
1) Де Ви народилися? / Де ти народився? /Де ти народилася?
2) Де живе Ваша родина? / Де живе твоя родина?
3) Ви часто зустрічаєтеся з рідними? / Ти часто зустрічаєшся з рідними?
4) Де Ви проводите відпустку? / Де ти проводиш відпустку?
5) Ким Ви працюєте? / Ким ти працюєш?

1.3 Знайомство.

Петро працює гідом. Він показує українські міста іноземцям. Кілька років тому він проводив екскурсію Києвом для групи іспанських туристів та познайомився з Пабло. З тих пір вони спілкуються. Зараз Пабло знову приїхав до Києва і вони з Петром та його дружиною зустрілися в ресторані.

Петро знайомить свою дружину Олю зі своїм другом Пабло:

– Привіт! Познайомтеся! Пабло, це Оля, моя дружина. Олю, це Пабло, мій друг з Мадриду.
– Привіт, Пабло! Приємно познайомитися!
– Привіт, Олю. Дуже приємно! Як справи?
– Дякую, добре. А ти гарно говориш українською!
– Дякую! Моя дружина – українка. Ми з нею часто говоримо українською.
– Супер! Ти надовго в Києві?
– На два тижні, я тут по справах.

До них підходить офіціант:
– Що будете замовляти?
– Вибачте, ми ще маємо подумати. – каже Петро.
– Так, звісно, я підійду до вас пізніше.

Вони уважно вивчають меню. Пабло запитує:
– Що ви мені порадите? Що тут найсмачніше?

Вправа 1.3 Запитання до тексту:
1) Ким працює Петро?
2) Як він познайомився з Пабло?
3) Як звати дружину Петра?
4) Чому Пабло гарно говорить українською?
5) Що Пабло робить в Києві?

гід	guide
показувати/ показати	to show
іноземець	foreigner
кілька років тому	a few years ago
знайомитися/ познайомитися	to get acquainted
спілкуватися	to communicate
Приємно познайомитися!	Nice to meet you!
Дуже приємно!	Very nice (to meet you)!
надовго	for a long time
по справах	on business
підходити/ підійти	to approach
замовляти/ замовити	to order
офіціант	waiter
думати/ подумати	to think / think
пізніше	later
уважно	attentively
вивчати/ вивчити	study / study
радити/ порадити	to advise
найсмачніше	the most delicious

Вправа 1.4 Write the verbs in brackets in the present tense:

1) Вона (працювати) на пошті.
2) Ми часто (говорити) українською.
3) Вони (замовляти) суп та вареники з картоплею.
4) Я уважно (читати) меню.
5) Я (думати), що тут дуже смачно.

Вправа 1.5 Read and translate these short dialogues:

1) – Як Вас звати?
   – Мене – Ганна. А Вас?
   – Мене – Петро. Приємно познайомитися!
   – Навзаєм!

2) – Сергію, познайомтеся, це Оксана Петрівна, Ваш новий викладач. Оксано Петрівно, це – Сергій, Ваш новий учень.
   – Доброго дня, Оксано Петрівно. Приємно познайомитися!

1.4 Зустріч друзів. Частина 1.

Марія, Петро, Богдан та Олег – старі друзі. Вони ходили до однієї школи та жили в одному районі. Зараз вони всі живуть по різних містах та рідко бачаться. Але на Різдво всі приїжджають до рідного міста. От і зараз вони знову в Сумах, і це гарний привід зустрітися та побазікати. Друзі сидять в кафе на головній вулиці міста, п'ють каву з тістечками та розмовляють.

– Ой, хлопці, так гарно вас знову бачити! – каже Марія.

– Так, це точно. – погоджується Олег. – Як життя, Маріє? Як тобі твоя нова робота?

– Робота дуже цікава, але мені важко. Я повинна вивчити багато нових речей, до того ж дуже швидко.

– Нагадай, будь-ласка, де ти зараз працюєш? – запитує Петро.

– Бугалтером в інтернет-магазині.

– Ого! І як тобі твої нові колеги?

– Дуже добре, атмосфера на роботі дружня, мені допомагають, якщо я чогось не розумію. Мені дуже пощастило з колегами!

– Це добре. Бо на твоїй минулій роботі це була проблема, якщо я не помиляюся.

– На жаль, так. Ми не змогли знайти спільну мову.

– То я вітаю тебе з новою роботою та бажаю успіхів та і надалі гарних відносин з колегами! – каже Богдан.

– Дякую, Богдане! А як твої справи? Ти зараз живеш в Києві, чи не так?

(for continuation see the text 1.5)

Вправа 1.6 Запитання до тексту:

1) Чому друзі рідко бачаться?
2) Де вони зустрілися?
3) Чим займається зараз Марія?
4) Яка проблема була в неї на минулій роботі?
5) Чи подобається їй нова робота?

район	district
Різдво	Christmas
знову	again
привід	pretext
базікати/ побазікати	to chatting
розмовляти	to talk
погодитися/ погоджуватися	to agree
нагадати/ нагадувати	to remind
бугалтер	the bookkeeper
інтернет-магазин	Internet-shop
колега	colleague
мені пощастило	I was fortunate
знайти спільну мову	find common ground
минула робота	past work
якщо я не помиляюся	if I'm not mistaken
на жаль	unfortunately
успіх	success
гарні відносини	good relationships
зазвичай	usually

Вправа 1.7 Open the brackets in the present or past tense:

1) Я (любити) розмовляти з моїми друзями.
2) Я (розмовляти) з друзями вчора.
3) Зазвичай ми (базікати) про фільми та книжки.
4) Він (нагадати) мені, що треба ще купити хліб.
5) На жаль, я рідко (зустрічатися) з моєю сестрою.

1.5 Зустріч друзів. Частина 2.

(for beginning see the text 1.5)

– Так, вже два роки. – відповідає Богдан.

– І як тобі? – запитує Олег.

– Гарно: квартира зручна, робота поруч. Приїжджайте до мене в гості!

– Із задоволенням! – каже Марія. – До речі, Богдане, як там твоя донька? Скільки їй зараз років?

– Оксані шість, в школу вже пішла.

– І як їй? Подобається вчитися?

– Так, дуже. Їм зараз і уроків не задають, і оцінок не ставлять. Не те що в наші часи!

– Я вважаю, що це правильно. Діти повинні мати час і на ігри, а не тільки на заняття. – додає Олег.

– Погоджуюся! Олеже, а як твоє життя? Чим ти зараз займаєшся?

– Працюю фотографом, як і мріяв. Відкрив нещодавно власну фотостудію. Роботи багато, я задоволений!

– Супер! Вітаю тебе! Я так рада за тебе! – каже Марія.

– Приєднуюся до привітань!

– Дякую, друзі!

Вони ще довго сиділи та розмовляли про все: про роботу, про знайомих, рідних, про міста в яких живуть, про батьків та про дітей. Ввечері настав час прощатися.

– Було дуже гарно з вами зустрітися та побазікати! – каже Марія.

– Не те слово! – додає Богдан.

– Так! Треба нам частіше збиратися разом! Давайте влітку теж зустрінемося?- пропонує Олег.

– Обов'язково! – погоджується Марія.

поруч	near
приїхати в гості	come to visit
Із задоволенням!	With pleasure!
до речі	by the way
І як їй?	And how is it for her? (How does she like it?)
задавати уроки	to give homework
ставити оцінки	to evaluate, "to put notes"
я вважаю	I believe
правильно	right, correct
мати час	to have time
погоджуватися/ погодитися	to agree
відкрити/ відкривати	to open
власний	own
задоволений	satisfied
Я так рада за тебе!	I'm so glad for you!
приєднуватися/ приєднатися	to join
прощатися/ попрощатися	to say goodbye
Не те слово!	That's not even the word!/ You can say that again!
збиратися разом	to get together
Обов'язково!	Necessarily!

Вправа 1.8 Запитання до тексту:

1) Чи подобається Богданові жити в Києві?
2) Скільки років доньці Богдана?
3) Ким працює Олег?
4) Про що ще розмовляли друзі?
5) Коли пропонує зустрітися знову Олег?

Вправа 1.9 Compose the short dialogues:

1) – Як тобі твоя нова робота?	**а)** – Дуже приємні люди!
2) – Як йому подарунок?	**б)** – Непогано, але мій офіс далеко від дому.
3) – Як вам ваші нові сусіди?	
4) – Як їм новий викладач?	**в)** – Не знаю, я ще з ними не розмовляв.
5) – Як вам ця погода?	**г)** – Жахливо! Такої спеки я ще в житті не бачив!
	д) – Дуже сподобався! Він всім показує свого нового годинника.

Вправа 1.10 Choose the correct word:

з	у	про	з	за

1) Він рідко розмовляє _____ роботу зі своїми друзями.
2) Її дочка вступила до університету. Вона так рада _____ неї!
3) Друзі привітали мене _____ Різдвом.
4) Вона попрощалася _____ усіма та пішла додому.
5) Він працює _____ фотостудії.

Розділ 2: Щоденне життя. Daily life.

2.1 О котрій годині ти встаєш?

– О котрій годині ти встаєш?

– Зазвичай о сьомій, але сьогодні я встала о п'ятій ранку, бо хотіла ще позайматися українською мовою.

– Ти мене надихаєш!

– О котрій годині наш потяг?

– О першій годині двадцять три хвилини. Ти вже зібрався?

– Майже. Залишилося ще взяти воду та перевірити документи.

– Котра зараз година?

– Пів на сьому. А що?

– Я замовив піцу ще годину тому, а доставки ще й досі немає!

– Не дивно, надворі така жахлива погода!

– О котрій годині ти повертаєшся сьогодні з роботи?

– Думаю, о чверть на восьму я вже буду вдома.

– Може сходимо після вечері в кіно?

– Давай краще в суботу? Я точно буду втомлена сьогодні.

– Ну давай в суботу.

– О котрій годині приїжджають твої батьки?

– Приблизно об одинадцятій.

– Ти встигаєш прибрати на кухні?

– Якщо чесно, не зовсім…

– Допомогти тобі?

– Так! Дякую тобі!

О котрій годині ти встаєш?	At what time do you get up?
Котра зараз година?	What time is it now?
займатися/ позайматися	to engage, to exercise, to practice
Ти мене надихаєш!	You inspire me!
надихати/ надихнути	to inspire
Ти вже зібрався?	Are you ready?
зібратися/ збиратися	to get ready
А що?	And what?/ Why?
доставка	delivery
досі	still
не дивно	not surprising
надворі	outside
втомлений	tired
Давай...?	Let's...?
прибрати на кухні	clean the kitchen
якщо чесно	honestly
не зовсім	not really
допомагати/ допомогти	to help, to assist

Вправа 2.1 Запитання:

1) О котрій годині ти прокидаєшся?
2) О котрій годині ти снідаєш? Що у тебе на сніданок?
3) О котрій годині ти починаєш працювати?
4) О котрій годині ти обідаєш? Де ти обідаєш?
5) О котрій годині ти зазвичай повертаєшся з роботи?

Вправа 2.2 Say time in Ukrainian. Before you make this exercise, read and listen to the charts 2.1, 2.2, 2.3 (on the next pages).

1) 07:00	4) 08:30	7) 16:15	10) 09:10
2) 03:00	5) 12:30	8) 15:15	11) 06:25
3) 11:00	6) 19:30	9) 20:15	12) 17:45

Таблиця 2.1 (Chart 2.1)

Час	Котра година?
10:00	Десята (година)
10:05	Десята (година) п'ять (хвилин) П'ять хвилин по десятій П'ять хвилин на одинадцяту
10:10	Десята (година) десять (хвилин) десять хвилин по десятій десять хвилин на одинадцяту
10:15	Десята (година) п'ятнадцять (хвилин) п'ятнадцять хвилин по десятій п'ятнадцять хвилин на одинадцяту Чверть по десятій Чверть на одинадцяту
10:30	Десята (година) тридцять (хвилин) Пів на одинадцяту
10:40	Десята (година) сорок (хвилин) За двадцять хвилин одинадцята Двадцять хвилин до одинадцятої
10:45	Десята (година) сорок п'ять (хвилин) За п'ятнадцять хвилин одинадцята П'ятнадцять хвилин до одинадцятої За чверть одинадцята Чверть до одинадцятої

Таблиця 2.2 (Chart 2.2)

Час	Котра година?	О котрій годині?
01:00, 13:00	Перша година ночі/ дня	О першій годині
02:00, 14:00	Друга година ночі/ дня	О другій годині
03:00, 15:00	Третя година ночі/ дня	О третій годині
04:00, 16:00	Четверта година ранку/ вечора	О четвертій годині
05:00, 17:00	П'ята година ранку/ вечора	О п'ятій годині
06:00, 18:00	Шоста година ранку/ вечора	О шостій годині
07:00, 19:00	Сьома година ранку/ вечора	О сьомій годині
08:00, 20:00	Восьма година ранку/ вечора	О восьмій годині
09:00, 21:00	Дев'ята година ранку/ вечора	О дев'ятій годині
10:00, 22:00	Десята година ранку/ вечора	О десятій годині
11:00, 23:00	Одинадцята година ранку/ вечора	**Об** одинадцятій годині
12:00, 00:00	Дванадцята година дня/ ночі	О дванадцятій годині

Таблиця 2.3 (Chart 2.3)

Час	Котра година?	О котрій годині?
01:30, 13:30	Пів на другу / Перша (година) тридцять (хвилин)	О пів на другу / О першій тридцять
02:30, 14:30	Пів на третю / Друга тридцять	О пів на третю / О другій тридцять
03:30, 15:30	Пів на четверту / Третя тридцять	О пів на четверту / О третій тридцять
04:30, 16:30	Пів на п'яту / Четверта тридцять	О пів на п'яту / О четвертій тридцять
05:30, 17:30	Пів на шосту / П'ята тридцять	О пів на шосту / О п'ятій тридцять
06:30, 18:30	Пів на сьому / Шоста тридцять	О пів на сьому / О шостій тридцять
07:30, 19:30	Пів на восьму / Сьома тридцять	О пів на восьму / О сьомій тридцять
08:30, 20:30	Пів на дев'яту / Восьма тридцять	О пів на дев'яту / О восьмій тридцять
09:30, 21:30	Пів на десяту / Дев'ята тридцять	О пів на десяту / О дев'ятій тридцять
10:30, 22:30	Пів на одинадцяту / Десята тридцять	О пів на одинадцяту / О десятій тридцять
11:30, 23:30	Пів на дванадцяту / Одинадцята тридцять	О пів на дванадцяту / Об одинадцятій тридцять
12:30, 00:30	Пів на першу / Дванадцята тридцять	О пів на першу / О дванадцятій тридцять

2.2 Сьогодні цікавий день!

– Доброго ранку!

– Доброго!

– Як спалося?

– Непогано. Ммм, який запах.

– Я варю каву. Будеш?

– Залюбки.

– Які плани на день?

– Треба на пошту зайти – відправити пакунок подрузі, а потім я вільна.

– Ходімо на ярмарок, коли звільнишся?

– Ходімо!

Щороку на новорічні свята у нашому місті проходить ярмарок. Вулиці прикрашають різнобарвними вогниками. В центрі площі стоїть різдвяна ялинка. У людей гарний настрій. Смачно пахне печивом та глінтвейном. А сьогодні ввечері буде концерт під відкритим небом.

– Як гарно, що ми вирішили прогулятися – потрапили на такий класний концерт!

– Так, але я вже змерзла. Давай зайдемо кудись погрітись?

– Давай.

– Ой, дивись: Мишко з Панасом йдуть.

– Привіт, хлопці!

– О, привіт! Зі святами вас!

– І вас!

– Ми саме йдемо на ковзанку. Ходімо з нами?

– Я не вмію кататися на ковзанах. До того ж, ми змерзли і йдемо зараз в кафе. Хочете з нами?

Мишко з Панасом порадилися і вирішили приєднатися до дівчат. А на ковзанку вони підуть завтра.

Як спалося?	How did you sleep?
запах	scent
залюбки	gladly
пакунок	parcel
ярмарок	a fair
звільнитися	to be free
Ходімо!	Let's go!
щороку	every year
Новорічні свята	New Year holidays
прикрашати/ прикрасити	to decorate
різнобарвні вогники	colorful lights
різдвяна ялинка	Christmas tree
гарний настрій	good mood
смачно пахне	smells good
печиво	cookies
глінтвейн	mulled wine
концерт під відкритим небом	open air concert
потрапити на класний концерт	get to a cool concert
ковзанка	skating rink
кататися на ковзанах	skate
мерзнути/ змерзнути	to freeze
радитися/ порадитися	to counsel, to discuss
приєднатися до дівчат	to join the girls

Вправа 2.3 Запитання до тексту:

1) Що дівчата роблять сьогодні?
2) Коли проходить ярмарок?
3) Чи сподобався їм концерт?
4) Кого вони зустріли?
5) Чому дівчата не захотіли йти кататися на ковзанах?

2.3 На пошті.

В моєї подруги скоро день народження і я хочу надіслати їй подарунок. Це трохи складно для мене, тому що я ще ніколи не користувався поштою в Україні.

Спершу я знайшов на мапі найближче відділення. Непогано! Лише 100 метрів від мого дому. Я перевірив графік роботи. Сьогодні зачинено, але завтра це відділення працює з восьмої ранку до шостої вечора.

Наступного дня, у поштовому відділенні:

– Доброго дня. Мені потрібно відправити посилку в місто Херсон.
– Доброго дня. Давайте Вашу посилку. Яка адреса?
– Вулиця Вереснева, будинок 7.
– А індекс?
– 02088
– Це коштуватиме сорок п'ять гривень. Оплата карткою чи готівкою?
– Карткою, будь ласка.
– Прошу.

Робітниця пошти подає платіжний термінал, я проводжу карткою та вводжу свій пін-код. Оплата пройшла успішно.

– Це номер Вашої накладної. На нашому сайті Ви можете відстежити Ваше відправлення.
– Дякую! Коли приблизно посилку буде доставлено?
– Через три дні.
– Дякую.
– Дякую Вам. Гарного дня!

надсилати/ надіслати	to send
користуватися	to use
знайти на мапі	to find on the map
найближче відділення	the nearest office
лише	only
перевірити графік роботи	to check schedule
наступного дня	the next day
у поштовому відділенні	at the post office
відправити посилку	to send a parcel
посилка, пакунок	parcel
індекс	postal code
Оплата карткою чи готівкою?	Payment by card or cash?
робітниця пошти	mail worker
платіжний термінал	payment terminal
проводити карткою	to swipe a (credit) card
вводити пін-код	enter the pin
оплата пройшла успішно	payment is successful
номер накладної	invoice number
відстежити відправлення	to track a parcel
приблизно	approximately

2.4 Мій день.

Мене звати Світлана, я живу у Києві зі своїм собакою. Мій день починається о шостій годині ранку. Я прокидаюсь, встаю та в першу чергу йду до ванної: вмиваюсь, чищу зуби, приймаю душ.

Часто на сніданок я готую млинці з малиновим варенням та сметаною, заварюю чорний чай. Після сніданку я годую та вигулюю мого собаку. Ми зазвичай проходимо два квартали і через парк повертаємося назад.

Я забираю свої речі та їду на роботу на метро. Їхати мені хвилин двадцять, тому по дорозі я слухаю аудіокниги або музику.

На роботі я цілий день працюю за комп'ютером, тому під час обідньої перерви я люблю погуляти в парку. Але коли погана погода, я залишаюся в офісі. Під час роботи я роблю паузи на каву. Як не дивно, це дозволяє мені зосередитися та краще працювати.

Ввечері я повертаюся додому. Мій собака завжди дуже сильно чекає на мене і ми одразу виходимо з ним гуляти. Потім я готую вечерю або зустрічаюся з друзями. Іноді мені не хочеться нікуди йти і я проводжу час наодинці.

Вправа 2.4 Запитання до тексту:
1) Де живе Світлана?
2) Що вона робить вранці?
3) Що Світлана робить по дорозі на роботу?
4) Що допомагає їй зосередитися на роботі?
5) Як вона проводить вечір?

прокидатися/ прокинутися	to wake up
вставати/ встати	to get up
чистити/ почистити зуби	to brush teeth
приймати/ прийняти душ	to take a shower
млинці	pancakes
малинове варення	raspberry jam
сметана	sour cream
заварювати/ заварити чай	to brew tea
вигулювати/ вигуляти собаку	to walk a dog
зазвичай	usually
квартал	quarter
повертатися/ повернутися	to return
під час обідньої перерви	during lunch break
працювати за комп'ютером	to work on a computer
робити паузи на каву	to pause for a cup of coffee
Як не дивно	Oddly enough
дозволяти/ дозволити	to allow / allow
зосереджуватися/ зосередитися	to focus
чекати на когось	to wait for someone
наодинці	alone

2.5 В аптеці.

Коли я повертався з роботи пізно ввечері, у мене страшенно заболіла нога. Я навіть знаю чому: вчора я цілий день катався на велосипеді. А до цього була довга пауза. Мені терміново потрібно в аптеку за знеболювальним кремом. Я знайшов на мапі цілодобову аптеку та повільно пішов туди.

– Добрий вечір, у Вас є крем від болю у м'язах? – запитав я в аптекаря.

– Так, ось є два види.

– А яка різниця?

– Той що дорожчий – імпортний. А цей, дешевший, зроблений в Україні.

– А який кращий?

– Вони однакові.

– Тоді дайте мені, будь ласка, той, що дешевший.

Ось так я купив крем та ледь дійшов додому. А завтра у мене консультація стоматолога. Зуб почав боліти, тож я одразу записався на прийом до лікаря. Щось я останнім часом погано себе почуваю. Хоча мої правнуки кажуть, що це нормально.

Вправа 2.5 Read and translate these dialogue:

Лікар: Що Вас турбує?

Пацієнт: У мене нежить та болить голова.

Лікар: Температура підвищена?

Пацієнт: Зараз ні, але вчора була 38,5 градусів.

Лікар: У Вас не болить горло?

Пацієнт: Ні.

Лікар: Вам треба відпочити. Якщо завтра не стане краще, подзвоніть мені.

страшенно	terribly
боліти/ заболіла	to hurt
нога	leg
навіть	even
кататися на велосипеді	to cycle
терміново	urgently
знеболювальний крем	analgesic cream
цілодобова аптека	24 hour pharmacy
повільно	slowly
біль у м'язах	muscle pain
аптекар	pharmacist
Яка різниця?	What's the difference?
імпортний	imported
дорожчий	more expensive
дешевший	cheaper
ледь	hardly
консультація стоматолога	consultation of the dentist
зуб	tooth
записатися на прийом до лікаря	make an appointment with a doctor
останнім часом	recently
погано/добре себе почувати	to feel bad / feel good
хоча	although
правнук	great-grandson
нежить	runny nose
болить голова	headache
болить горло	sore throat
підвищена температура	fever

Розділ 3: Міста та місця. Cities and places.

3.1 Скажіть, будь ласка, як пройти до метро?

Сьогодні чудова погода для прогулянки містом: тепло та сонячно, дощу сьогодні не буде. Я снідаю в кафе та планую свій день. Ввечері у мене зустріч з друзями, а от до 18:00 я вільний. Тож я піду гуляти!

Я допиваю каву та виходжу на вулицю. Я люблю сюрпризи, тож вирішую просто ходити вуличками, без особливого маршруту.

Мені дуже подобається роздивлятися будинки, людей, заходити в крамниці та кафе. Я проходжу повз книжковий магазин. На жаль, зачинено! Наступного разу я неодмінно зайду сюди — куплю подарунки для друзів.

Я йду далі. Попереду видніється ринок. Зайду туди на зворотному шляху, куплю щось поїсти. А поки що погуляю ще. Не доходячи до ринку, я повертаю направо.

Я знаю це місце! Це найстаріший парк у місті! Я заходжу в парк, там прохолодно і затишно. Я сідаю на лавку та відчуваю, що я втомився. Час повертатися до готелю. Отакої! Мій телефон розрядився! Доведеться запитати в когось дорогу, бо я зовсім не пам'ятаю, як йти назад. Нічого, головне – дістатися до метро.

Я почав запитувати перехожих:

– Скажіть, будь ласка, як пройти до метро?
– Вибачте, я не знаю.
– Нічого...

– Вибачте, Ви не знаєте дорогу до метро?

– Ні, я не місцевий.

– Вибачте, де тут метро?

– Це зовсім поруч! Ідіть прямо, потім поверніть ліворуч. Там буде станція метро.

– Дякую!

Нарешті! Я їду до свого готелю. Скоро я зустрічаюся з друзями.

Вправа 3.1 Choose the correct word:

до	на	на	повз	але

1) Мені подобається гуляти, _____ зазвичай я швидко втомлююся.
2) Коли ми проходили _____ кафе, ми відчули приємний аромат.
3) Коли він вийшов _____ вулицю, він помітив, що його телефон розрядився.
4) Вибачте, як пройти _____ університету?
5) Діти сидять на _____ лавці.

зустріч з друзями	meeting with friends
вуличка/ вулиця	street
особливий маршрут	special route
роздивлятися	to examine
проходити повз	to walk past
зачинено	closed
виднітися	to be seen
щось поїсти	something to eat
не доходячи до ринку	not reaching the market
лавка	bench
втомлюватися/ втомитися	to get tired
повертатися/ повернутися	to return
Отакої!	Ah!
телефон розрядився	phone's battery is running low
дістатися до метро	to get to the subway
перехожий	passer-by
місцевий	local
нарешті	finally
неодмінно	certainly
справа (праворуч)	on the right side
зліва (ліворуч)	on the left side
направо (праворуч)	to the right
наліво (ліворуч)	to the left

3.2 Життя в місті та в селі.

– Сьогодні в нашій радіопередачі ми запитуємо у наших слухачів, де їм хотілося б жити більше: в місті чи у селі. З нами на зв'язку наш перший додзвонювач. Вітаємо! Представтеся, будь ласка!

– Добрий день! Мене звати Наталя.

– Добрий день! Звідки Ви, Наталю?

– Зі Львова.

– Наталю, то як Вам живеться у місті? Чи хотіли б Ви переїхати в село?

– Ні. Я дуже люблю Львів, це затишне та комфортне місто. Але сільське життя мені теж знайоме та рідне: мої батьки з села під Львовом, все моє дитинство пройшло там.

– Наталю, дякуємо за Вашу відповідь! Чудово, що Ви задоволені своїм містом! А ми вітаємо нашого наступного додзвонювача.

– Добрий день! Мене звати Максим!

– Добрий день! Звідки Ви, Максиме?

– З села Ягідне Чернігівської області.

– Максиме, чи подобається Вам жити у селі?

– І так, і ні. Як і скрізь, тут є свої переваги та недоліки. По-перше, в нашому селі майже не залишилося молоді, всі поїхали до міста. По-друге, дуже далеко до найближчої лікарні. Але мені подобається спокійне сільське життя, чисте повітря та тиша.

Вправа 3.2 Запитання:
1) Звідки Ви?
2) Де пройшло Ваше дитинство?
3) Де Вам подобається жити більше: в місті чи в селі? Чому?
4) Яке Ваше улюблене місто?
5) Чи слухаєте Ви радіо?

радіопередача	radio programme
на зв'язку	in touch
додзвонювач	caller
представтеся, будь ласка!	introduce yourself, please!
рідний	native
переваги	advantages
недоліки	disadvantages
по-перше	Firstly
по-друге	secondly
майже не залишилося молоді	almost no young people left
чисте повітря та тиша	clean air and silence

Вправа 3.3 What's important for you? Make the list from most important to least important things for you:

Добрі сусіди
Недалеко до роботи
Чисте повітря
Якісна їжа
Тихо
Магазин поруч
Безпечно на вулиці
Розвинена медицина
Зручний транспорт
Хороші школи

3.3 Прогулянка Києвом.

На минулих вихідних я був у Києві. Це була моя перша подорож до України і я дуже радий та вдячний, що мій друг Петро погуляв зі мною та показав мені місто. Ми відвідали найцікавіші місця.

Спершу Петро показав мені центр та головну вулицю міста – Хрещатик. Ми прогулялися до стародавнього Софіївського собору (на фото зліва - Софіївський собор, 1911 (photo taken)). Неймовірно, як старовинна та радянська архітектура поєднуються в цьому місті!

Потім ми пішли на Андріївський узвіз. Тут я купив сувеніри та подарунки для всіх своїх друзів. На Контрактовій площі ми зайшли пообідати в один з ресторанів української кухні. Як смачно там готують!

Потім ми сіли на метро та поїхали до Києво-Печерської Лаври. Це старовинний монастир з дивовижними краєвидами на Київ! А ще Петро показав мені малесенький, але надзвичайно цікавий музей, про який мало хто з туристів знає – Музей мікроскопічної мініатюри майстра Миколи Сядристого. Він розташований на території Києво-Печерської Лаври. Я ще ніколи не бачив таких маленьких витворів мистецтва!

Оскільки я фанат футболу, ввечері ми відвідали ще й оновлений Олімпійський стадіон.

Це був надзвичайно насичений день!

вдячний	grateful
найцікавіші місця	the most interesting places
головна вулиця міста	the main street of the city
стародавній	ancient
старовинний	antique
радянська архітектура	Soviet architecture
поєднуватися	to combine
дивовижні краєвиди	amazing views
малесенький	tiny
надзвичайно цікавий	extremely interesting
музей мікроскопічної мініатюри	Museum of Microscopic Miniature
майстер	master
він розташований	it is located
витвір мистецтва	a work of art
фанат футболу	football fan
відвідувати/ відвідати	to visit
оновлений	renovated
насичений день	busy day

Places mentioned in this text:

- вулиця Хрещатик – Khreshchatyk street
- Софіївський собор – Saint Sophia Cathedral
- Андріївський узвіз – Andriyivskyy Descent
- Контрактова площа – Square of Contracts
- Києво-Печерська Лавра – Kyiv Pechersk Lavra
- Музей мікроскопічної мініатюри майстра Миколи Сядристого – The microminiatures museum of Mykola Syadristy
- Олімпійський стадіон – National Sports Complex "Olympiyskiy"

3.4 У бабусі в горах.

Моя бабуся живе у селі в Карпатах. Її хата знаходиться високо в горах. Цього літа я планую її відвідати.

Їхати я буду потягом до Львова, а звідти автобусом до села. Потяг прибуває у Львів рано вранці, а автобус в мене аж після обіду, тому я встигаю насолодитися містом. Я хочу пройтись по центральній площі та вузенькими вуличкам, зайти в мою улюблену кав'ярню та замовити там пиріг з вишнями і капучіно.

На автобусі до села – 3 години. Зазвичай я сідаю біля вікна і милуюсь краєвидами.

Коли я відчуваю себе виснаженою, я люблю приїжджати до села. Тут можна відпочити і набратися сил на природі. Я люблю гори, озера, річки. В лісі багато різних пташок і тварин. А яке свіже повітря! Тиша та спокій надихають на творчість. Зазвичай я беру на прогулянку фарби та пензлики та малюю. В такі моменти я забуваю про все.

А вечорами ми з бабусею подовгу сидимо на дворі та балакаємо. Бабуся розповідає про веселі пригоди зі свого життя, а я із задоволенням слухаю. Час пролітає непомітно за теплими розмовами та запашним карпатським чаєм.

Моя бабуся дуже смачно готує. Домашні пиріжки, борщ, картопля з грибами – смакота! А влітку бабуся робить найсмачніше варення у світі з фруктів та ягід, які ростуть у нас в саду. Моє улюблене варення – полуничне.

Я з нетерпінням чекаю на цю подорож!

село	village
хата	cottage, village house
високо в горах	high in the mountains
їхати потягом	to go by train
їхати автобусом	to go by bus
потяг прибуває	a train arrives
встигати/ встигнути	to have time for
насолоджуватися/ насолодитися	to enjoy
пройтись	to walk
центральна площа	central square
вузенькі вулички	narrow streets
пиріг з вишнями	cherry pie
милуватися	to admire
краєвид	landscape
відчувати себе виснаженим/ виснаженою	feel exhausted m/f
набиратися/ набратися сил	to gain strength
гора	mountain
озеро	lake
річка	river
птахи, пташки	birds
фарби	paints
пензлики	brushes
малювати	to draw, to paint
надихати/ надихнути на творчість	to inspire creativity
подовгу сидіти на дворі	to sit in the yard for a long time
балакати	to chat
веселі пригоди	fun adventures
запашний чай	fragrant tea
час пролітає непомітно	time flies imperceptibly
домашні пиріжки	homemade pies
Смакота!	How tasty! (Tasty thing!)

3.5 В моєму районі.

Привіт! Я Петро. Я живу у великому місті. В моєму районі – багатоповерхівки. Я живу в однокімнатній квартирі на восьмому поверсі. Вид з мого вікна досить звичайний: прямо – районна школа, за нею ще один будинок, справа – супермаркет з парковкою, зліва – дорога та станція метро. Ліворуч від входу в метро – кіоск.

Я знімаю цю квартиру вже два роки. Тут шумно, але я обрав це місце, тому що воно поруч з моєю роботою.

Чесно кажучи, я більше люблю заміське життя. Мої батьки живуть в приватному будинку, мають великий сад. Там і повітря чистіше, і рівень шуму нижчий. Тут, у місті я почав сильніше втомлюватися. Я планую знайти іншу роботу та переїхати за місто.

Вправа 3.4 Запитання до тексту:

1) Які будинки в його районі?
2) Що Петро бачить з вікна?
3) Як довго він вже знімає цю квартиру?
4) Чому він обрав цей район?
5) Чому він хоче переїхати?

багатоповерхівка	living block
приватний будинок	private house
однокімнатна квартира	one-room apartment
ліворуч від	to the left of
праворуч від	to the right of
звичайний	ordinary
станція метро	subway station
жити за містом	live outside the city
заміське життя	country life
жити в місті	to live in the city
міське життя	city life
чесно кажучи	to be honest
рівень шуму	noise level
зняти/знімати квартиру	to rent an apartment
вид з вікна	view from the window
переїжджати/ переїхати	to move

Розділ 4: Покупки. Shopping.

4.1 В супермаркеті. Частина 1.

– Костю, давай візьмемо візочок, нам треба багато чого купити.

– Звісно. Я навіть склав список продуктів, аби нічого не забути.

– Чудово! Пішли, почнемо з відділу фруктів та овочів.

– Я виберу смачні яблука та апельсини, а ти візьми овочі на борщ: картоплю, буряк, моркву, капусту.

– Так, а де тут ваги?

– А он вони, бачиш?

– Точно! Все, овочі я зважив.*

– А я зважив фрукти. Наступне у списку: сметана, молоко та сир.

– Це нам треба у молочний відділ.

– Він аж у кінці магазину, давай спочатку купимо рис та соєвий соус.

– Я пішов по рис.

– Добре. А ти не знаєш де тут соус?

– Ні, запитай у продавця.

– Вибачте, підкажіть, будь ласка, де знайти соєвий соус?

– Пройдіть два ряди вперед, він стоїть справа на полиці.

– Дякую!

– Ну що, взяв рис?

– Так. У мене ідея – давай ще купимо рибу, а вдома зробимо суші?

– Із задоволенням!

– Ну що, нам залишилося взяти хліб та щось солодке до чаю.

– І сік.

– Я піду у відділ напоїв, а ти вибери свіжий хліб.

– Згода.

* В багатьох українських супермаркетах покупці повинні самостійно зважити овочі та фрукти.

візочок	shopping cart
ваги	scales
зважувати/ зважити	to weigh
продукти	products (food)
продавець	seller
покупець	shopper
список продуктів	shopping list
відділ	department
овочі і фрукти	vegetables and fruits
молочні продукти	dairy products
хліб	bread
риба	fish
сири	cheese
крупи	cereals
солодощі	sweets
напої	drinks
Звісно!	Of course!
Чудово!	Great!
Згода!	OK! (Consent!)

4.2 В супермаркеті. Частина 2.

Ми взяли все що нам потрібно та пішли на касу. Довелося постояти в черзі хвилин десять – на вихідних в магазинах зазвичай багато людей.

На касі:

– Добрий день.
– Добрий. У Вас є дисконтна картка?
– Ось, тримайте.
– Вам потрібен пакет?
– Ні, дякую, в нас є з собою.
– Чим будете розраховуватися: готівкою чи карткою?
– Карткою.
– Загальна сума: 758 гривень 50 копійок. Введіть пін-код, будь ласка.
   … Ваш чек. Дякую за покупки. Приходьте ще!
– Дякую, гарного дня!
– І Вам!

довелося	(we) had to
стояти/ постояти в черзі	to stand in line
дисконтна картка	discount card
пакет	bag
каса	cash register
розраховуватися/ розрахуватися	to pay
картка	card
готівка	cash
чек	receipt
Приходьте ще!	Come again!
робити закупи	to do shopping

Вправа 4.1 Запитання:

1) Чи пишеш ти список продуктів перед тим, як скупитися?
2) Як ти частіше розраховуєшся за покупки: готівкою чи карткою?
3) Ти носиш свій пакет в магазин чи кожного разу купуєш новий?
4) Як часто ти робиш закупи?
5) Хто повинен зважувати фрукти в супермаркеті в твоєму місті?

Вправа 4.2 Open the brackets:

1) Зараз ми (стояти) в черзі в магазині.
2) Я (купувати) продукти не в супермаркеті, а на ринку.
3) Я завжди (розраховуватися) карткою.
4) Він ніколи не (носити) з собою готівки.
5) Вчора в супермаркеті я не (знайти) молока.

4.3 Сувеніри з України.

Я тиждень подорожувала Україною. Завтра мені вже час летіти додому, а сьогодні я ще хочу вибрати та купити подарунки моїм рідним, друзям та колегам.

Я зовсім не знала, які є типові українські сувеніри і ледь не купила матрьошку. Але моя подруга вчасно мене попередила, що це зовсім не український сувенір, а російський. А ще вона порадила мені піти на Андріївський узвіз. "Там ти точно зможеш вибрати подарунки для всіх. Уяви: ціла вулиця з сувенірами та речами ручної роботи."

Я прислухалася до її поради та пішла на цю мальовничу київську вулицю. Чого там тільки не було! Я купила традиційний український посуд для своїх батьків, дзвоники ручної роботи для свого друга та серветки з льону для подруги. А ще я не втрималася та купила картину собі додому!

На цій же вулиці я знайшла магазинчик з якісним шоколадом і купила смачні цукерки. Це для моїх колег. У нас є традиція: коли хтось подорожує, він привозить щось та пригощає всіх.

Вправа 4.3 Запитання до тексту:

1) Куди вона пішла купувати українські сувеніри?
2) Що вона купила для своїх батьків?
3) Чи купила вона щось собі?
4) Для кого вона купила дзвоники ручної роботи?
5) Що вона вибрала для своїх колег?

типові українські сувеніри	typical Ukrainian souvenirs
попереджати/ попередити	to warn
радити/ порадити	to advise
уявляти/ уявити	to imagine
речі ручної роботи	handmade things
прислухатися до поради	heed the advice
мальовничий	picturesque
Чого там тільки не було!	What there just was not!
традиційний український посуд	traditional Ukrainian dishes
дзвоник	bell
серветки з льону	linen napkins
картина	picture
я не втрималася	I could not resist
на цій же вулиці	on the same street
пригощати/ пригостити	to treat

4.4 Діалоги в магазині одягу.

– Поглянь, любий, як тобі цей піджак?

– Ой ні, я таке не ношу! Він занадто яскравий для мене.

– А я думаю, тобі пасуватиме червоний колір.

– Чим я можу Вам допомогти?

– Я шукаю собі футболку.

– Який у Вас розмір?

– "S", але я хочу на кілька розмірів більше, щоб вона вільно сиділа.

– Зрозуміло. Ходімо, я покажу Вам де в нас футболки.

– Мені подобається ця чорна сукня. А вона є у Вас в інших кольорах?

– Так, є ще така блакитна.

– Можна її приміряти?

– Так, звичайно, зараз принесу її Вам.

– Дивись, Оксано, які класні джинси!

– Вау! Може, приміряй?

– Так. Ходімо до примірочної?

– Скільки коштує ця футболка?

– Одна футболка коштує 300 гривень, але у нас зараз акція: якщо Ви купуєте дві, то отримуєте знижку 20 відсотків.

– Але мені не потрібно дві футболки...

– Добрий вечір. Чи не могли б Ви мені допомогти підібрати класичні туфлі на підборах?

– З радістю. Подивіться в цьому ряду.

– Мені подобається ця модель. У Вас є розмір 40?

– Так. Хочете приміряти?

– Так, будь ласка.

Дівчина приміряє туфлі.

– На жаль тиснуть. У Вас є на один розмір більші?
– Зараз перевірю.
– Дякую!

поглянь	Look!
піджак	jacket
носити	to wear
занадто яскравий	too bright
пасувати	to fit
вільно сидіти	to fit loose
акція	campaign
туфлі на підборах	high heel shoes
в цьому ряду	in this row
розмір	size
туфлі тиснуть	shoes are pinching
знижка	discount
примірочна	fitting room
20 відсотків	20 percent

4.5 Покупки онлайн.

– Онучку, допоможи мені будь ласка з цим онлайн-магазином. Я хочу замовити собі нові книги.

– Не проблема, бабусю. Вмикай комп'ютер. Сперш нам треба зайти на сайт інтернет-магазину. Я зазвичай купую книги тут. Ти вже знаєш, які саме книги тобі потрібні?

– Так. Пошукай, чи є "Гаррі Поттер".

– Який том ти хочеш?

– Всі. Це для Наталі на День Народження.

– Дивись, є різні видання.

– Я візьму ось це, з найгарнішими ілюстраціями.

– Добре, я кладу цей товар до кошика. Щось ще?

– Ні, поки тільки це.

– Тепер я натискаю на кнопку "Оформити замовлення". Нам треба заповнити цю форму: твоє ім'я та прізвище, адреса. Треба вибрати спосіб доставки. Є такі варіанти: доставка кур'єром, доставка поштою та самовивіз.

– Обирай доставку кур'єром. Я хочу отримати замовлення вдома.

– Добре. А тепер спосіб оплати.

– Які є варіанти?

– Оплата онлайн, оплата готівкою та передоплата.

– Давай я розрахуюся онлайн карткою.

– Це можна. Натискаю "Підтвердити замовлення".

– Дякую тобі, онучку! Що б я робила без тебе!

– Будь ласка, бабусю! В мобільному додатку ти можеш перевіряти статус свого замовлення.

онучик, онук	grandson
онлайн-магазин, інтернет-магазин	online store
замовити	to order
вмикати/ вмикнути комп'ютер	to turn on computer
вебсайт, сайт	website
Які саме книги тобі потрібні?	What kind of books do you need?
видання	edition
товари	goods
кошик	basket
доставка	delivery
доставка кур'єром	courier delivery
доставка поштою	delivery by mail
самовивіз	pickup
оплата	payment
спосіб оплати	payment method
оплата картою	card payment
оплата онлайн	payment online
оплата готівкою	cash payment
передоплата	prepayment
мобільний додаток	mobile application
повернення товарів	return of goods
замовлення	order
оформити замовлення	to place an order
натискати/ натиснути на кнопку	to press a button
заповнити форму	to fill out the form
підтвердити замовлення	to confirm an order
перевіряти/ перевірити статус	to check status

Розділ 5: Навчання та робота. Study and work.

5.1 Я вивчаю іноземні мови.

Вивчати іноземні мови – це мій спосіб життя. В дитинстві я вчив англійську в школі, але по-справжньому захопився мовами вже в дорослому віці. Я мріяв багато подорожувати та знайомитися з цікавими людьми. Я вирішив для себе, що щойно я зможу розуміти іспанську мову на початковому рівні, одразу влаштую мандрівку до Іспанії. Це мене дуже мотивувало.

Я почав вивчати іспанську мову. Раз на тиждень я займався з вчителем, а всі інші дні я практикувався сам. Я читав адаптовані книжки для початківців та виписував нові слова в зошит. Цей зошит я переглядав коли їхав кудись на метро або в автобусі.

Також я робив граматичні вправи. Спочатку дуже прості, потім все складніші та складніші. Розмовні навички я покращував з вчителем. Вже через чотири місяці я міг розуміти прості розмови, а через пів року я вже дивився фільми з субтитрами. Я змінив мову на своєму мобільному телефоні та навіть почав бачити сни іспанською мовою!

Як я і домовився сам із собою, наступну відпустку я провів в Іспанії.

Вправа 5.1 Запитання:
1) Яку мову ти вивчаєш?
2) Тобі подобається вчити нові слова?
3) Як ти практикуєш розмовні навички?
4) Коли ти почав/ла вчити українську мову?
5) Ти робиш граматичні вправи?

вивчати іноземні мови	learn foreign languages
спосіб життя	lifestyle
в дитинстві	in childhood
по-справжньому	really
захоплюватися/ захопитися	to admire
в дорослому віці	in adulthood
знайомитися з цікавими людьми	meet interesting people
мотивувати/ змотивувати	to motivate
розуміти/ зрозуміти	to understand
початковий рівень	beginner's level
середній рівень	intermediate level
просунутий рівень	advanced level
влаштувати мандрівку	to arrange a journey
вирішувати/ вирішити	to decide
займатися з вчителем	to practice with a teacher
я практикувався сам	I practiced alone
граматичні вправи	grammar exercises
читати адаптовані книжки	to read adapted books
все складніші та складніші	more and more complex
розмовні навички	speaking skills
покращувати/ покращити	to improve
дивитися фільми з субтитрами	to watch subtitled movies
відпустка	vacation
домовитися/ домовлятися	to agree
змінити мову на телефоні	to change the language on a phone

5.2 Студентське життя.

Зараз період сесії. Студенти старанно вчаться, намагаються добре підготуватися до екзаменів. Славко – першокурсник. Він дуже хвилюється, тому що це його перша сесія. Весь день та всю ніч він читав книги, повторював лекції та робив записи. Славко зустрічає одногрупника Дмитра біля гуртожитку:

- Привіт, Славко.
- Привіт, друже.
- Як проходить підготовка до сесії?
- Смієшся? Цілу ніч не спав.
- По тобі видно. Нічого, сьогодні легкий день – тільки один екзамен. Ходімо ввечері в клуб?
- Ні, дякую, я відсипатися. Дмитре, а ти часом не знаєш розклад на наступний семестр?
- Знаю. Я тобі зараз відправлю.
- Дякую!
- Будь ласка. А на вихідних прийдеш на вечірку?
- Та ні, я дійсно хочу добре здати всі екзамени.
- А чому ти хвилюєшся? Ти ж і так весь семестр старанно займався.

старанно вчитися	study hard
намагатися	to try
першокурсник	freshman
хвилюватися	worry
повторювати лекції	repeat, review lectures
робити записи	make notes
підготовка	preparation
Смієшся?	Are you laughing?
По тобі видно.	You have a tell.
гуртожиток	hostel
одногрупник	classmate
сесія	session
семестр	semester
розклад	schedule
відсипатися	to sleep off
вечірка	party

5.3 Тетяна хоче пройти стажування.

Тетяна – студентка першого курсу. Вона приїхала до Києва з маленького села вивчати програмування. Їй подобається життя у великому місті, навіть незважаючи на те, що їй треба багато працювати. Щодня після лекцій вона сідає на метро та їде на роботу. Вона працює касиром в супермаркеті. Зарплата не велика, але їй вистачає на їжу та розваги. Батьки допомагають платити за оренду квартири та навчання.

Тетяна хоче знайти роботу за спеціальністю, але їй ще бракує знань та досвіду роботи. Вона хоче якнайшвидше підняти свій рівень, тому зараз шукає можливість пройти стажування в міжнародній компанії. Вона регулярно передивляється нові вакансії та вже надіслала своє резюме у більш ніж 20 фірм.

У неї вже була одна співбесіда, але її не прийняли. Друзі підтримують дівчину та заохочують шукати далі. Одна невдала співбесіда ще нічого не означає!

Вправа 5.2 Запитання до тексту:
1) Що вивчає Тетяна?
2) Де вона працює?
3) Як вона їздить на роботу?
4) Чому вона хоче пройти стажування?
5) Як пройшла її перша співбесіда?

пройти стажування	to undergo an internship
незважаючи на те, що	despite the fact that
касир	cashier
зарплата	salary
оренда	rent
робота за спеціальністю	specialty work
їй бракує знань	she lacks knowledge
досвід роботи	experience
якнайшвидше	as soon as possible
підняти рівень	to raise the level
міжнародна компанія	international company
передивлятися нові вакансії	to look at new vacancies
резюме	CV
співбесіда	job interview
її не прийняли	she was not accepted
підтримувати/ підтримати	to support
заохочувати	to encourage
невдалий	unsuccessful
це нічого не означає	it means nothing

Вправа 5.3 Choose the correct definition.

1) Зарплата	а) навчання та робота в компанії
2) Резюме	б) гроші, які платять за те, щоб користуватися чимось тимчасово.
3) Оренда	в) розмова перед прийомом на роботу
4) Співбесіда	г) гроші, які людина отримує за роботу
5) Стажування	д) документ, який надсилають, коли шукають роботу

5.4 Робочий день за комп'ютером.

Я асистент директора і я цілий день працюю за комп'ютером. Моя головна задача – відповідати на і-мейли та планувати зустрічі для мого шефа.

Рано вранці я вже в офісі. Я готую собі каву та вмикаю комп'ютер. Щоранку в моїй електронній скриньці близько тридцяти вхідних листів. Половину з них я одразу видаляю – це спам.

Сьогодні прийшов важливий і-мейл від партнерів. Вони повідомили, що новий вебсайт вже готовий. Я перейшов за посиланням. Дивно! Сайт чомусь не відкривається… А, ясно! Підключення до Інтернету обірвалося. В нашому офісі це іноді буває. Я знову підключився до Інтернету. Тепер я можу відкрити сайт. Виглядає добре!

В наступному електронному листі клієнт просить про зустріч. Я відкриваю календар та перевіряю, коли в мого шефа є вільний час. Потім я пишу відповідь клієнтові:

"Шановний пане Тарасе,
чи буде Вам зручно під'їхати до нас в офіс у цю п'ятницю о 13:30?
З нетерпінням чекаємо на вашу відповідь. У вкладенні до цього і-мейлу Ви можете знайти детальний план зустрічі.

З повагою
Сергій Михайлович"

Так до вечора я відповідаю партнерам, клієнтам та потенційним клієнтам. Коли роботу завершено, я вимикаю комп'ютер та їду додому.

асистент	assistant
працювати за комп'ютером	to work on the computer
головна задача	the main task
відповідати на і-мейли	to reply to emails
планувати зустрічі	to schedule meetings
і-мейл, електронний лист	email
вкладення	attachment
вмикати/ вмикнути комп'ютер	to turn on a computer
електронна (поштова) скринька	e-mailbox
вхідний лист	incoming letter
видаляти/ видалити	to delete
спам	spam
повідомляти/ повідомити	to inform
вебсайт, сайт	website
переходити/ перейти за посиланням	to follow a link
Дивно!	Strange!
підключення до Інтернету	Internet connection
обриватися/ обірватися	to end up, break off
Виглядає добре!	Looks good!
календар	calendar
підключитися до Інтернету	to connect to the internet
Чи буде Вам зручно під'їхати до нас в офіс?	Will it be convenient for you to come to our office?
З нетерпінням чекаємо на вашу відповідь.	We look forward to your answer.
вкладення	attachment
детальний план зустрічі	detailed meeting plan
З повагою	Regards

Вправа 5.4 Put the sentences in the right order:

а) Я вклав фотографії в і-мейл.

б) Я вимкнув комп'ютер.

в) Я відкрив електронну поштову скриньку.

г) Я вмикнув комп'ютер.

ґ) Я написав і-мейл.

д) Я надіслав і-мейл.

Вправа 5.5 Запитання:

1) Ви часто працюєте за комп'ютером?

2) У Вас вдома швидкий Інтернет?

3) Як часто Ви перевіряєте свою електронну поштову скриньку?

4) Ви одразу відповідаєте на і-мейли?

5) Вам приходить багато спаму?

5.5 Це моя робота.

Ось що ці люди кажуть про свою роботу:

Віталій, 23 роки:
Я працюю на заводі в Польщі. Два роки тому поїхав на заробітки, тому що мене не влаштовувала зарплата в Україні. Дуже багато людей виїхало. Зараз ситуація змінюється: через брак робочої сили зарплати почали піднімати. Можливо, я скоро повернуся на батьківщину. Мені подобається в Польщі, але я дуже сумую за своєю родиною.

Тамара, 57 років:
Я вже тридцять років працюю лікарем-педіатром в поліклініці. До обіду я приймаю пацієнтів в клініці, а після обіду ходжу до хворих додому. Майже кожної зими у нас епідемія грипу. Я розповідаю своїм пацієнтам, що треба ретельно мити руки та уникати людних місць.

Світлана, 32 роки:
Я працюю в кол-центрі. Наш кол-центр надає послуги міжнародним компаніям, тому працює цілодобово. Я приймаю дзвінки клієнтів з усього світу та відповідаю на їх запитання. Зазвичай я працюю вдень, але кілька разів на місяць у мене нічні зміни. Моя робота гарно оплачується, тому я дуже задоволена.

Володимир, 45 років:
Я бізнесмен. Я займаюся роздрібною торгівлею: вже відкрив три продуктових магазини. В цілому я створив 63 робочих місця. В моїй компанії працюють продавці, водії, прибиральники, бухгалтер та маркетолог. Займатися бізнесом в Україні не просто, оскільки судова система поки що погано функціонує. Але я сподіваюся на покращення.

заробітки	earnings
мене не влаштовувала зарплата	I was not satisfied with the salary
виїжджати/ виїхати	to leave
брак робочої сили	lack of labor
піднімати/ підняти зарплату	to raise wage
повертатися/ повернутися	to return
лікар-педіатр	pediatrician
поліклініка	clinic
пацієнт	patient
епідемія грипу	flu epidemic
ретельно мити руки	to wash hands carefully
уникати людних місць	to avoid crowded places
нічна зміна	night shift
шкодить здоров'ю	harms health
кол-центр	call center
приймати дзвінки	to receive calls
робота гарно оплачується	work is well paid
роздрібна торгівля	retail
продуктовий магазин	grocery store
в цілому	in general
робоче місце	job, workplace
продавець	seller
водій	driver
прибиральник	cleaner
бухгалтер	accountant
маркетолог	marketer
судова система	judiciary
функціонувати	to function
покращення	improvements

Розділ 6: Вільний час та подорожі. Leisure and travel.

6.1 Я був в Україні цього літа!

Привіт, Петре!

Цього літа, як і планувалося, я був в Україні! На жаль, ми не змогли з тобою зустрітися, але я дуже сподіваюся побачити тебе на Різдво. (Так! Я буду святкувати наступне Різдво у Києві з родиною Ганни!) А які у тебе плани на свята?

Ти просив написати тобі про мої враження від подорожі. Вони незабутні! Це були дуже насичені два тижні. Ми побували у Києві, Кам'янці-Подільському, Львові та Луцьку, та ще в деяких невеликих містечках.

Ми багато мандрували потягом, а одного разу – навіть нічним! Я думав, що я засну у Києві, а прокинуся у Львові. Але вийшло трохи не так. Я дійсно заснув у Києві, але прокидався я вночі разів п'ять. В моєму купе постійно виходили і заходили пасажири, тож виспатися було неможливо. Але це не страшно! Мені все одно страшенно сподобалося!

В Кам'янці-Подільському ми зустрілися з друзями Ганни. Вони показали нам місто. Найбільше мені сподобалася середньовічна фортеця та високий міст на околиці. Наступного разу я планую відвідати це місто знову.

А як твої справи? Як тобі твоя нова робота?

Обіймаю тебе
твій Штефан

Вправа 6.1 Запитання до тексту:

1) В яких містах побував Штефан?
2) Чи гарно він поспав в нічному потязі?
3) Чому він не зміг гарно поспати?
4) Що йому сподобалося в Кам'янці-Подільському?
5) Де Штефан святкуватиме Різдво?

сподіватися	to hope
святкувати Різдво	to celebrate Christmas
враження від подорожі	impressions of the trip
незабутній	unforgettable
насичений	saturated
нічний потяг	night train
засинати/ заснути	to fall asleep
прокидатися/ прокинутися	wake up / wake up
купе	compartment
пасажир	passenger
висипатися/ виспатися	to get enough sleep / sleep
неможливо	impossible
середньовічна фортеця	Medieval fortress
високий міст	high bridge
околиця	outskirt, neighborhood

6.2 Вільний час.

У вільний час я люблю дивитися фільми, читати, малювати, слухати музику та проводити час з рідними.

Взимку моє улюблене заняття - кататися на санях. Недалеко від села, де я живу, є ліс. Там дуже гарно і є круті схили, на яких можна покататися. Коли випадає сніг, ми з друзями приходимо туди: катаємось, граємо в сніжки, ліпимо снігову бабу. Взимку вдома можна грітися біля каміну та смажити зефір на вогні. Зима – найзатишніша пора року.

Влітку більш за все я люблю їздити на Чорне море. Зазвичай ми з сім'єю бронюємо номер в готелі на декілька тижнів або знімаємо квартиру біля узбережжя. Щодня ми купаємось, засмагаємо, граємо у волейбол та просто відпочиваємо. Ввечері всі збираються на пляжі. Хтось грає на гітарі, люди співають, танцюють та радіють. Під час таких подорожей я зустрічаю багато нових друзів.

А сьогодні ми з сестричкою йдемо в кіно. Я хочу запросити свою подругу піти з нами:

- Алло, Катрусь?
- Привіт, Соломіє.
- Як справи?
- Добре. А ти як?
- І у мене все гаразд. Я сьогодні веду свою молодшу сестру в кіно. Ми хочемо подивитись мультфільм про ведмедика Паддінгтона. Я їй раніше читала про нього книжку і нам обом вона дуже сподобалась. Підеш з нами в кіно?
- Так, з радістю приєднаюсь!
- Клас! Тоді зустрічаємось о 14:15 біля виходу з метро "Майдан Незалежності".
- Гаразд, до зустрічі!
- Бувай!

у вільний час	in spare time
проводити час з рідними	to spend time with relatives
улюблене заняття	hobby, favorite activity
кататися на санях	ride a sleigh
Недалеко від	not far from
круті схили	steep slopes
випадає сніг	it is snowing
грати в сніжки	to play snowballs
ліпити снігову бабу	to make a snowman
грітися біля каміну	to bask near the fireplace
смажити зефір на вогні	roast marshmallows on fire
затишний, найзатишніший	cozy, the coziest
бронювати/ забронювати номер в готелі	to book a hotel room
узбережжя	coast
пляж	beach
радіти	to joy
водити/ вести	to lead
молодша сестра	younger sister
приєднуватися/ приєднатися	to join
я з радістю приєднаюсь	I will gladly join

Вправа 6.2 Write the sentences using these words:

1) У вільний час - він - завжди- грати - на - гітара.

2) Вони - планувати - поїхати - на - море - наступне літо.

3) Він - є - вільний час - тільки ввечері, - але він вже такий втомлений, що - хотіти - тільки дивитися телевізор.

4) Раніше - я - мати - багато - вільний час, - але - не мати - ідеї. Зараз - я - мати - багато - ідеї, - але - не мати - час.

5) Вчора - я - запрошувати - в кіно - моя подруга.

6.3 Дякую за запрошення!

У мого найкращого друга Кирила скоро день народження. Йому виповнюється 20 років. Сьогодні я отримав від нього запрошення:

Привіт, Михайле!
Запрошую тебе на святкування мого дня народження!
Чекаю на тебе 8 вересня о 13:00 у парку Конча Заспа. Це моє улюблене місце для відпочинку та розваг. У планах – канатний парк та пікнік!
З нетерпінням чекаю на твою відповідь!
Кирило

Восьмого вересня – це субота, я вільний, і я хочу піти на день народження мого друга. Я пишу йому відповідь:

Привіт, Кириле!
Дякую за запрошення!
Я із задоволенням приєднаюсь до свята та буду безмежно радий провести цей день з тобою.
Михайло.

Я написав відповідь та почав думати про подарунок. Я хочу подарувати йому щось особливе.

Я знаю, що Кирило завжди мріяв зробити стрибок з парашутом. Час здійснити його мрію!

Я знайшов надійну компанію, яка гарантує безпеку, та замовив подарунковий сертифікат. Кирило буде у захваті. Я так хочу побачити його реакцію!

запрошення	invitation
день народження	birthday
йому виповнюється	it is fulfilling
отримувати/ отримати	to receive
святкування	celebration
відпочинок	vacation
розваги	entertainment
канатний парк	cable car park
пікнік	picnic
вільний	free
надійний	reliable
гарантувати безпеку	to guarantee security
замовляти/ замовити	to order
подарунковий сертифікат	gift certificate
бути у захваті	to be delighted
реакція	reaction

6.4 У піцерії.

– Доброго ранку, хлопці! Чого бажаєте?

– Доброго. Ми хочемо замовити піцу.

– Тримайте меню.

– Дякую.

– Владе, давай одну на двох візьмемо. У нас схожі смаки.

– Давай.

– Я би взяв цю, з ананасами.

– Гавайську? Обожнюю її.

– Ми визначилися: одну велику гавайську піцу, будь ласка.

– Добре. Щось з напоїв?

– Апельсиновий сік, будь ласка.

– А мені томатний сік.

– Вам тут чи з собою?

– Тут.

– Добре, піца буде готова через 15 хвилин. Влаштовуйтеся зручніше.

– Дякую, а де можна помити руки?

– Пройдіть, будь ласка, до кінця зали, зліва – ванна кімната.

– Дякую!

Чого бажаєте?	What do you want?
замовити піцу	to order pizza
Тримайте меню.	Here is the menu. (Take the menu.)
схожі смаки	similar tastes
обожнювати	to worship
визначатися/ визначитися	to be determined
напій, напої	a drink, drinks
апельсиновий сік	orange juice
томатний сік	tomato juice
Вам тут чи з собою?	Are you here or with you?
Влаштовуйтеся зручніше.	Get comfortable.
мити/ помити руки	to wash hands
зала	hall

6.5 Тварини в моєму дитинстві.

Зараз у мене немає домашніх улюбленців, але колись були.

В дитинстві у мене був пес Жук. Порода – німецька вівчарка. Я дуже його любила. Ми багато гуляли та грали разом. Я каталася на велосипеді, а він бігав за мною. Ще він любив приносити палиці. Жук був дуже розумним. Мені здавалося, що він розуміє мене. Коли вдома нікого не було, він любив спати на моєму дивані. Я маю дуже теплі спогади про мого собаку.

Також була у мене кішка Мурка. Вони з Жуком були друзями та разом бешкетували. Мені запам'яталося, як вони одного разу грали так, що зірвали штори та розбили вазу. Але їх ніхто не сварив. Мурка любила гуляти на подвір'ї та їла огірки на городі. Це завжди мене дивувало!

домашній улюбленець	a pet
в дитинстві	in childhood
порода	breed
кататися на велосипеді	to ride a bike
приносити палиці	to bring sticks
палиця	stick
мені здавалося	it seemed to me
теплі спогади	warm memories
бешкетувати	to roister
мені запам'яталося	I remember
штори	curtains
ваза	vase
сварити/ насварити	to scold
подвір'я	yard
город	backyard

Розділ 7: Стосунки. Relationships.

7.1 Запрошення з України.

Два роки тому я познайомився в Інтернеті з дівчиною з України. Ми з нею переписуємося та розмовляємо по "Скайпу". Завдяки цьому я вивчив українську мову та дізнався багато чого про Україну. Цю дівчину звати Оксана. Ми ще жодного разу не зустрічалися в реальному житті, але вона вже стала для мене хорошим другом. Нещодавно я отримав від неї ось таке повідомлення:

"Привіт, Бене!
Як ти? Я тут подумала: ти жодного разу ще не був в Україні. Чи не хотів би ти приїхати до мене в гості цього літа? Я була б дуже рада!
З нетерпінням чекаю на твою відповідь!
Цілую
Оксана"

Отже, я отримав запрошення до України! Щиро кажучи, я вже й так планував відвідати Оксану. Я швидко написав їй відповідь:

"Оксано, привіт! Дякую тобі за запрошення! Я із задоволенням приїду до тебе в гості. Зараз я подивлюся, чи є квитки на червень та напишу тобі.
Цілую,
Бен"

Я відкрив сайти різних авіакомпаній і почав шукати недорогі квитки. Клас! Скоро ми з Оксаною побачимося!

знайомитися/ познайомитися	to get acquainted
переписуватися	to correspond
завдяки цьому	thanks to this
жодного разу	never
нещодавно	recently
з нетерпінням чекаю	to look forward to
щиро кажучи	to be honest
відвідати/ відвідувати	to visit
недорогі квитки	cheap tickets
відкрити сайт	to open a site

Вправа 7.1 Can you read Oksana's message in handwriting?

Привіт, Бене!
Як ти? Я тут подумала: ти жодного разу ще не був в Україні. Чи не хотів би ти приїхати до мене в гості цього літа? Я була б дуже рада!
З нетерпінням чекаю на твою відповідь!
Цілую
Оксана

7.2 Перша зустріч?

Мій літак приземлився в аеропорту "Київ". Я пройшов паспортний контроль, забрав свою валізу та вийшов до зали аеропорта. Тут багато людей! А де ж Оксана? Я уважно оглянув натовп, але своєї подруги не побачив. Дуже дивно! Ми домовилися, що вона зустріне мене в аеропорту...

"Нічого страшного, можливо вона просто запізнюється" – заспокоював я себе. Кепсько! Та ще й мій телефон був повністю розряджений! Я був розгублений. Я вирішив заспокоїтися, сісти та підзарядити свій телефон. Тоді я хоча б зможу подзвонити Оксані. Я ледь витягнув мій зарядний пристрій – він був на самому дні рюкзака. Поки я знайшов вільну розетку, пройшло ще хвилин п'ятнадцять. О! Десять пропущених дзвінків! Нарешті я зміг додзвонитися Оксані:

– Привіт, Оксано! Я вже в аеропорту, але я тебе не бачу!
– Привіт, Бене! Я теж тебе не бачу... Літак з Лондона вже давно прилетів, всі пасажири вийшли, але тебе так і не було! Де ти?
– Я в залі, в аеропорту "Київ". Одразу біля виходу, чекаю на тебе!
– Чекай-но... В якому аеропорту ти кажеш?
– В аеропорту "Київ".
– Ой! А я в аеропорту "Бориспіль"....

Вправа 7.2 Запитання до тексту:
1) Хто мав зустрічати Бена в аеропорту?
2) Чому Бен був розгублений?
3) Чому він не подзвонив Оксані одразу?
4) Чому Оксана не зустріла Бена в аеропорту?
5) В якому аеропорту була Оксана?

літак приземлився	plane landed
пройти паспортний контроль	to pass passport control
зала аеропорта	airport hall
оглянути натовп	to inspect the crowd
зустріти в аеропорту	to meet at the airport
нічого страшного	nothing bad ("nothing scary")
Кепсько!	Bad!
розряджений телефон	discharged phone
розгублений	perplexed
заспокоюватися/ заспокоїтися	to calm down
підзарядити телефон	to charge the phone
зарядний пристрій	charger
на дні рюкзака	at the bottom of the backpack
розетка	socket
пропущений дзвінок	missed call
нарешті	finally
додзвонитися	to get through

Вправа 7.3 Open the brackets:

1) Сьогодні я (зустрічати) своїх друзів в аеропорту.
2) Вони (прилітати) о сьомій двадцять.
3) Я вже (замовляти) таксі до аеропорту.
4) Коли вони прилетять, ми (йти) в ресторан.
5) Вони мені вже (дзвонити), але я не почув.

7.3 Перша зустріч!

Виявилося, що Оксана думала, що я прилітаю в інший аеропорт. Маленьке непорозуміння! Нічого страшного, ми знайшли вихід із ситуації та домовилися зустрітися прямо в неї вдома. Я замовив таксі та через 10 хвилин сів в машину. Добирався до Оксаниного дому я дуже довго – скрізь були затори, а проїхати я мав через все місто. Нарешті приїхав!

Оксана вже зустрічала мене біля під'їзду.
– Привіт, Бене! Вибач мене будь-ласка! Я все переплутала!
– Нічого! Нам буде що згадати! – заспокоїв я Оксану. Я й дійсно не переймався, було навіть цікаво побазікати дорогою з водієм.
– Це точно! Ти голодний?
– Так, страшенно!
– Тоді ходімо швидше! Моя мама приготувала борщ та вареники.
– Класичні українські страви! Я так багато про них чув! Нарешті я їх скуштую! – сказав я, і ми зайшли в дім.

виявилося	it turned out
непорозуміння	misunderstanding
знайти вихід із ситуації	to find a way out of the situation
добиратися/ добратися	to get (somewhere)
затор	traffic jam
під'їзд	entrance
переплутати	to mix up
згадувати/ згадати	to recall
перейматися	to worry about
базікати/ побазікати	to chat
побазікати дорогою з водієм	to chat on the way with a driver

7.4 Що розповіла Оксанина мама?

Оксана вибачалась ще кілька разів за те, що переплутала аеропорт. Це пусте! – казав я. Я не хотів, щоб вона хвилювалася.

Вчора я познайомився з її мамою, Наталею Петрівною. Ми довго розмовляли про різницю між нашими країнами. Це була захоплююча розмова! Наталя Петрівна жалілася на політиків та критикувала владу. Ще вона розповідала про свою молодість та життя в Радянському Союзі. Мені було цікаво, і я запитував про її роботу на заводі та стосунки з колегами.

Раптом посеред розмови пролунав гучний стук. Я не зрозумів, що це таке. "Це сусідка по батареї стукає" – пояснила Наталя Петрівна – "Ми їй спати заважаємо, занадто гучно розмовляємо." Я вибачився, та Оксана заспокоїла мене: "Не хвилюйся, ще ж тільки дев'ята вечора. Наша сусідка просто дуже самотня та сумна, вона часто стукає нам по батареї." Я подумав, що це надзвичайно дивно.

"Це ще нічого! Зараз ми хоч спокійно посидіти та побазікати можемо. Я все життя пошепки розмовляла." – сказала пані Наталя. І вона розповіла, що коли Оксана була ще маленькою, вони жили в комунальній квартирі. Це коли в одній квартирі живе кілька родин – кожна в своїй кімнаті, а кухня та ванна кімната – спільні. Розмовляли вони вдома пошепки, щоб сусіди не чули.

Я запитав Оксану, чи вона ще це пам'ятає. "Так." – відповіла вона.

Це пусте!	It's nothing! (literally: it's empty)
хвилюватися	to worry
різниця між країнами	the difference between countries
захоплююча розмова	fascinating conversation
жалітися/пожалітися	to complain
політик	politician
критикувати владу	criticize the authorities
Радянський Союз	the Soviet Union
запитувати/запитати	to ask
стосунки з колегами	relationships with colleagues
раптом	suddenly
посеред розмови	in the middle of a conversation
лунати/ пролунати	to sound
гучний стук	loud knock
стукати по батареї	to bang on the pipes
заважати	to incommode
вибачатися/ вибачитися	to apologize
заспокоювати/ заспокоїти	to calm down
не хвилюйся	don't worry
самотній	lonely
сумний	sad
надзвичайно дивно	extremely strange
Це ще нічого!	That's nothing!
спокійно	quietly
розмовляти пошепки	talk in whispers
комунальна квартира	communal apartment
спільний	joint

Вправа 7.4 Connect 2 parts:

1) Петро заблукав і не знає, куди йти далі.	а) Вона повинна вибачитися.
2) Олена випадково наступила на ногу перехожому.	б) Йому треба заспокоїтися.
3) Петра запросили на вечерю.	в) Вона повинна привітатися.
4) Він дуже хвилюється перед екзаменом.	г) Він хоче запитати дорогу.
5) Наталя зустріла знайому на вулиці.	д) Він повинен подякувати.

Вправа 7.5 Write the sentences using these words:

1) Я - багато базікати - з - друзі - телефон.
2) Вони - часто зустрічатися - та гуляти.
3) Ми - запрошувати - наші батьки - на - вечеря - щомісяця.
4) Мої подруги - часто жалітися - на життя.
5) Її молодший братик - заважати - вона - вчитися.

7.5 Відверта розмова.

Пізно ввечері пані Наталя пішла спати, а ми залишилися з Оксаною базікати на кухні. Ми випили по келиху вина. Мені хотілося поговорити на відверті теми.

– В комунальній квартирі страждає особисте життя, мабуть. – сказав я.
– Це точно! – посміхнулася Оксана.
– Оксано, скажи мені, в тебе є хлопець?

Дівчина здивовано на мене подивилася. Мабуть, це недоречне запитання…

– Ні, вже немає.
– Вже немає?
– Ми розсталися кілька місяців тому.
– Я можу запитати, чому?
– Це неприємна історія. Я побачила, як він цілується на вечірці з моєю подругою.
– Так, дійсно неприємна історія. Вибач, що запитав.
– Та нічого. Я вже не сумую за ним, і вже майже не думаю про нього.
– Це добре. Ти вже стала мені дорогим другом, Оксано.
– Ти мені теж. Я дуже рада, що ти приїхав до мене в гості.
– Приїжджай тепер ти до мене восени?
– Із задоволенням! А як щодо тебе? В тебе є дівчина?

Ну от! Моя черга відповідати на незручні запитання.

– Ні.
– А чому ви розсталися?
– Ми не розставалися. У мене ніколи не було дівчини.

відвертий	frank
залишатися / залишитися	to stay
келих вина	a glass of wine
страждати	to suffer
особисте життя	personal life
хлопець	boyfriend
дівчина	girlfriend
здивований	surprised
недоречне запитання	inappropriate questions
розставатися/ розстатися	to part
неприємна історія	unpleasant story
цілуватися	to kiss
вечірка	party
сумувати за кимось	to miss someone
думати про когось	to think about someone
моя черга	my turn
незручне запитання	awkward question

The most useful Ukrainian verbs in imperfective and perfective forms

8.1 Chart

Imperfective	Perfective	Translation
починатися	початися	to start, to begin
святкувати	відсвяткувати	to celebrate
зустрічатися	зустрітися	to meet, to date
питати	запитати	to ask
траплятися	трапитися	to occur
губити	загубити	to lose
робити	зробити	to do, to make
писати	написати	to write
казати	сказати	to say
читати	прочитати	to read
готувати	приготувати	to prepare, cook
їсти	з'їсти	to eat
пити	випити	to drink
снідати	поснідати	to have breakfast
обідати	пообідати	to have dinner
вечеряти	повечеряти	to have supper

розуміти	зрозуміти	to understand
подобатися	сподобатися	to like
хотіти	схотіти	to want
знайомитися	познайомитися	to get acquainted
гуляти	погуляти	to walk
вставати	встати	to get up
відпочивати	відпочити	to rest
давати	дати	to give
відкривати	відкрити	to open
вибачатися	вибачитися	to apologize
залишатися	залишитися	to remain, to stay
запитувати	запитати	to ask
відповідати	відповісти	to answer
прокидатися	прокинутися	to wake up
засинати	заснути	to fall asleep
вставати	встати	to get up
допомагати	допомогти	to help
дивитися	подивитися	to watch
замовляти	замовити	to order

8.2 Exercises. Use verbs in the sentences in the correct form:

1. допомагати/ допомогти

1) Він _____ мамі прибрати квартиру та пішов гуляти.

2) Марія – дуже відповідальна дівчина, вона щодня _____ своїм старeньким батькам.

3) Зараз у мене дуже багато роботи, але влітку я _____ раз на тиждень в місцевій бібліотеці.

2. їсти/ з'їсти

1) Коли у мене буде багато вільного часу, я _____ корисні страви, а зараз я _____ фастфуд.

2) Для того, щоб бути здоровим треба _____ багато фруктів та овочів.

3) Я _____ цей бутерброд потім.

3. читати/прочитати

1) Мені подобається _____. Я хочу _____ цю книгу.

2) Скоро відпустка. У відпустці я _____ усі книги, які запланував/ла.

3) – Ти вже _____ роман Марії Матіос "Солодка Даруся"? – Ще не _____, але я вже (купити)_____ цю книгу і обов'язково _____ її найближчим часом.

4. давати/ дати

1) Цей відомий підприємець вже неодноразово _____ інтерв'ю різним медіа. Вчора він _____ інтерв'ю нашій газеті.

2) Коли він _____ інтерв'ю, йому хтось подзвонив.

3) Коли він _____ інтерв'ю, ми пішли в ресторан.

5. купувати/ купити

1) Ми_____ цю машину минулого року. Ми ще ніколи до цього не _____ машин, це наше перше авто.

2) Михайло збирається до магазину та запитує в Оксани:

– Що треба _____ ?

3) Мені подобається _____ антикварні картини, але цю я не _____, вона занадто дорога.

6. пити/випити

1) Сьогодні вранці я _____ каву та з'їла бутерброд. / Коли я сьогодні вранці _____ каву, мені подзвонив сусід.

2) Раніше він ніколи не _____ так багато води, але нещодавно він прочитав статтю про здоровий спосіб життя і тепер завжди багато _____.

3) Я не встиг _____ свій чай, тому що дуже поспішав на роботу.

7. дивитися/подивитися

1) - Це Ваша книга? Можна _____? – Так, звичайно!

2) Я ніколи не _____ телевізор, але на вихідних я _____ цікаву історичну передачу.

3) Олег _____ у вікно цілу годину. / Олег _____ у вікно – йшов сніг.

8. замовляти/замовити

1) – Доброго дня! Я хочу _____ піцу. – Ви _____ в нас піцу вперше?

2) Не треба _____ воду на вихідних, її дуже довго везуть. / На цьому сайті не можливо нічого _____ - він не працює.

3) Раніше ми завжди _____ їжу в цьому ресторані. / Я _____ їжу в цьому ресторані до свята.

9. зустрічати(ся)/зустріти(ся)

1) З ним неможливо _____ – він не відповідає на дзвінки та повідомлення.

2) Вони довго _____, але розсталися.

3) - Ми можемо _____ біля метро "Золоті ворота" завтра? – Ні, я більше не буду _____ з тобою.

10. робити/зробити

1) – Що ти _____ на вихідних? – Я (їхати)_____ на дачу.

2) Я щодня _____ зарядку, але сьогодні я її не _____.

3) – Що ти тут _____? – Я живу цьому районі.

11. прокидатися/ прокинутися

1) Зазвичай я _____ о восьмій годині ранку, але сьогодні я _____ о шостій, тому що мій сусід увімкнув музику.

2) – Тобі подобається рано _____? – Так, дуже. Коли я _____ пізно, то нічого не встигаю.

3) Вчора зранку він _____, почистив зуби та приготував сніданок. Влітку він завжди _____ рано, чистив зуби та готував сніданок.

12. вставати/ встати

1) Коли він прокинувся, він одразу ж _____ та пішов на кухню варити каву.

2) Мені важко _____ рано, але я все одно _____ , тому що мені треба працювати.

3) Тебе сьогодні розбудив будильник? – Ні, я _____ сам. Я завжди_____ сам.

13. готувати/ приготувати

1) – О котрій годині ти зазвичай _____ сніданок? – Зазвичай я _____ сніданок о дев'ятій.

2) Мамо, можеш, будь ласка, _____ мені омлет?

3) Коли я _____ обід, прийшла моя сестра. Ми _____ разом обід і пообідали.

Відповіді. Answers

Розділ 1: Зустрічаючись з людьми. Meeting people.

Вправа 1.4 1) працює 2) говоримо 3) замовляють 4) читаю 5) думаю
Вправа 1.7 1) люблю 2) розмовляв/ розмовляла 3) базікаємо 4) нагадав 5) зустрічаюся
Вправа 1.9 1) б) 2) д) 3) а) 4) в) 5) г)
Вправа 1.10 1) про 2) за 3) з 4) з 5) у

Розділ 2: Щоденне життя. Daily life.

Вправа 2.2

1) 07:00 Сьома година.

2) 03:00 Третя година.

3) 11:00 Одинадцята година.
4) 08:30 Восьма тридцять. / Восьма година тридцять хвилин. /Пів на дев'яту.

5) 12:30 Дванадцята тридцять. / Дванадцята година тридцять хвилин. /Пів на першу.

6) 19:30 Сьома тридцять. / Сьома година тридцять хвилин. / Пів на восьму.

7) 16:15 Четверта (година) п'ятнадцять (хвилин) /п'ятнадцять хвилин по четвертій / п'ятнадцять хвилин на п'яту / Чверть по четвертій / Чверть на п'яту

8) 15:15 Третя (година) п'ятнадцять (хвилин) /п'ятнадцять хвилин по третій/ п'ятнадцять хвилин на четверту/ Чверть по третій / Чверть на четверту

9) 20:15 Восьма (година) п'ятнадцять (хвилин) /п'ятнадцять хвилин по восьмій/ п'ятнадцять хвилин на дев'яту/ Чверть по восьмій / Чверть на дев'яту

10) 09:10 Дев'ята (година) десять (хвилин) / десять хвилин по дев'ятій / десять хвилин на десяту

11) 06:25 Шоста (година) двадцять п'ять (хвилин) / двадцять п'ять хвилин по шостій / двадцять п'ять хвилин хвилин на сьому

12) 17:45 П'ята (година) сорок п'ять (хвилин) / За п'ятнадцять хвилин шоста / П'ятнадцять хвилин до шостої / За чверть шоста / Чверть до шостої

Розділ 3: Міста та місця. Cities and places.

Вправа 3.1 1) але 2) повз 3) на 4) до 5) на

Розділ 4: Покупки. Shopping.

Вправа 4.2 1) стоїмо 2) купую 3) розраховуюся 4) носить 5) знайшов

Розділ 5: Навчання та робота. Study and work.

Вправа 5.3 1) г) 2) д) 3) б) 4) в)

Зарплата – гроші, які людина отримує за роботу.

Резюме – документ, який надсилають, коли шукають роботу.

Оренда – гроші, які платять за те, щоб користуватися чимось тимчасово.

Співбесіда – розмова перед прийомом на роботу.

Стажування – навчання та робота в компанії.

Вправа 5.4

1. Я вмикнув комп'ютер.
2. Я відкрив електронну поштову скриньку.
3. Я написав і-мейл.
4. Я вклав фотографії в і-мейл.
5. Я надіслав і-мейл.
6. Я вимкнув комп'ютер.

Розділ 6: Вільний час та подорожі. Leisure and travel.

Вправа 6.2

1) У вільний час він завжди грає на гітарі.
2) Вони планують поїхати на море наступного літа.
3) У нього є вільний час тільки ввечері, але він вже такий втомлений, що хоче тільки дивитися телевізор.
4) Раніше у мене було багато вільного часу, але не було ідей. Зараз у мене багато ідей, але немає часу. (Раніше я мав багато вільного часу, але не мав ідей. Зараз я маю багато ідей, але не маю часу.)
5) Вчора я запросила в кіно мою подругу.

Розділ 7: Стосунки

Вправа 7.3 1) зустрічаю 2) прилітають 3) замовив 4) підемо 5) дзвонили

Вправа 7.4 1) г) 2) а) 3) д) 4) б) 5) в)

Вправа 7.5

1) Я багато базікаю з друзями по телефону.
2) Вони часто зустрічаються та гуляють.
3) Ми запрошуємо наших батьків на вечерю щомісяця.
4) Мої подруги часто жаліються на життя.
5) Її молодший братик заважає їй вчитися.

Розділ 8: The most useful Ukrainian verbs in imperfective and perfective forms.

8.2

1. допомагати/ допомогти
1) допоміг
2) допомагає
3) допомагаю (допомагатиму, буду допомагати, допомагав/ла)

2. їсти/ з'їсти
1) буду їсти (їстиму)/ їм
2) їсти
3) з'їм

3. читати/прочитати
1) читати/ прочитати
2) прочитаю (буду читати)
3) прочитав/ла / купив/ла /прочитаю

4. давати/ дати
1) давав/ дав
2) давав
3) дав

5. купувати/ купити
1) купили/ купували
2) купити
3) купувати/ куплю (купуватиму)

6. пити/випити
1) випила/ пила
2) пив/ п'є
3) випити

7. дивитися/подивитися
1) подивитися
2) дивлюся/ подивився (подивлюся, буду дивитися)
3) дивився/ подивився

8. замовляти/замовити
1) замовити / замовляєте
2) замовляти / замовити
3) замовляли/ замовляю (замовлю)

9. зустрічати(ся)/зустріти(ся)
1) зустрітися
2) зустрічалися
3) зустрітися / зустрічатися

10. робити/зробити
1) робиш / їду
2) роблю / зробив/ла
3) робиш

11. прокидатися/ прокинутися
1) прокидаюся / прокинувся/лась
2) прокидатися / прокидаюся

3) прокинувся / прокидався

12. вставати/ встати

1) встав

2) вставати / встаю

3) встав / встаю

13. готувати/ приготувати

1) готуєш / готую

2) приготувати

3) готувала/ приготували

Your password to access audio files

On the website https://ukrainianpro.com/audio/ choose your book ("Ukrainian Language Reader") and enter your password to access the audio.

Your password: speak2Ukrainian!

Please, don't share this password.

Photos used in this book:
1) Photo on the cover: Alexeev_Alexey, pixabay
2) page 37: Gudshon and Gubchevsky, 1911

Thanks to my dear students for inspiration and to my family for support and ideas.

Made in the USA
Monee, IL
14 October 2024

67865134R00055